curiosidad por

EL FÉNIX

POR GINA KAMMER

AMICUS LEARNING

¿Qué te causa

curiosidad?

3

CAPÍTULO TRES

Encontrar el fénix

PÁGINA

16

Curious About está publicado por
Amicus Learning, un sello de Amicus.
P.O. Box 227
Mankato, MN 56002
www.amicuspublishing.us

Editora: Ana Brauer
Diseñadora de la serie: Kathleen Petelinsek
Diseñadora del libro e investigadora fotográfica: Kim Pfeffer

Names: Kammer, Gina, author.
Title: Curiosidad por el fénix / Gina Kammer.
Other titles: Curious about phoenix. Spanish
Description: Mankato, MN : Amicus Learning, 2025. | Series: Curiosidad por las criaturas míticas | Includes index. | Audience: Ages 6–9 | Audience: Grades 2–3 | Summary: "What powers does the phoenix have? Learn the Greek mythology about the phoenix in this Spanish question-and-answer book for elementary readers. Translated into North American Spanish. Includes infographics, table of contents, glossary, and index"—Provided by publisher.
Identifiers: LCCN 2024025020 (print) | LCCN 2024025021 (ebook) | ISBN 9798892003308 (library binding) | ISBN 9798892003360 (paperback) | ISBN 9798892003421 (ebook)
Subjects: LCSH: Phoenix (Mythical bird)–Juvenile literature.
Classification: LCC GR830.P4 K3618 2025 (print) | LCC GR830.P4 (ebook) | DDC 398.24/54—dc23/eng/20240620
LC record available at https://lccn.loc.gov/2024025020
LC ebook record available at https://lccn.loc.gov/2024

Créditos fotográficos: Adobe Stock/ECrafts, portada, Spaceai, 5 (arriba); Alamy Stock Photo/Pictures From History, 9 (abajo); Dreamstime/Nb Art Nb, 9 (centro); Freepik/freepik, 13, kjpargeter, 13, mentas, 20–21, nitikornfreepik, 19, Pikaso, 10–11, 13, 14–15, pikepicture, 6–7; Shutterstock/AlexAnton, 16, kikujungboy CC, 13 (arriba); Wikimedia Commons/Boris Zvorykin (Q2613777), 9 (segundo desde abajo), British Museum/Nic McPhee, 9 (arriba), Freiedrich Johann Justin Bertuch/Tsaag Valren, 18, Jpatokal, 8, Public Domain, 9 (segundo desde abajo)

Impreso en China

CAPÍTULO UNO

¿Qué es un fénix?

¡Un pájaro mágico! Parece un águila o un pavo real. Pero tiene plumas rojas y doradas. Algunos dicen que también tiene plumas moradas, amarillas, verdes y azules. Brillan con luz propia. Cuando llega su hora, el fénix muere en su propio fuego. El fénix renace de sus cenizas.

El fénix se asocia a menudo con la renovación y la esperanza.

COMPARACIÓN DE TAMAÑOS

¿Qué tamaño tiene un fénix?

¿Es real el fénix?

En los mitos griegos y egipcios, el fénix se asocia con el dios del Sol.

No es probable. Pero el fénix es un **símbolo** poderoso y antiguo. Significa renacimiento y vivir para siempre. Se encuentra en **mitos** de Egipto, Grecia y Roma. Este pájaro aparece en libros antiguos con animales reales. Pero nadie tiene **pruebas** de que sean reales.

¿Cuándo empezó las leyendas del fénix?

El fénix aparece en el arte antiguo desde hace miles de años.

Hace al menos 3.500 años. Pero es probable que se remonten más atrás. Los griegos fueron los primeros en escribir sobre el fénix. Pero en Egipto ya se contaban historias del Bennu. Este pájaro era un símbolo de su dios. Muchas otras culturas también tienen pájaros mágicos.

EGIPCIO - BENNU

GRIEGO - FÉNIX

JAPONÉS - HŌ-Ō

ESLAVO - PÁJARO DE FUEGO

PERSA - HUMA

CAPÍTULO DOS 2

¿Cuánto vive un fénix?

Según la historia, el fénix que renace podría ser el mismo fénix que murió.

Mucho tiempo. La mayoría de las historias dicen que un fénix vive 500 años. En otras, 1.000. ¡Otra historia dice que vive miles de años! Pero vive un solo fénix a la vez. Quizá sea siempre el mismo. Entonces estalla en llamas. Renace de sus cenizas. Empieza como un gusano o completamente crecido.

¿Qué come un fénix?

¡Nada! Esta criatura mágica no necesita comer. En cambio, ¡huele su comida! Un fénix pone especias que huelen bien en su nido. El olor lo alimenta. El fénix también obtiene energía del sol y del viento. Pero un fénix joven también puede comer gotas de rocío del **cielo**.

Esculturas del fénix pueden encontrarse en muchos lugares, como los tejados de China.

LO QUE DAR DE COMER A UN FÉNIX

gotas de rocío celestial

sol y viento

Bálsamo árabe,
incienso,
canela y **mirra.**

¿Qué poderes mágicos tiene el fénix?

Algunas historias dicen que si un fénix está cerca, la gente no puede mentir.

¡El poder solar! El fénix brilla con luz propia. ¡Incluso estalla en llamas al morir! También puede poner el poder de la vida en su nido. Así, cuando muere, un nuevo fénix puede resurgir de sus cenizas. Las historias actuales también dicen que el fénix puede curar con sus lágrimas.

¿Dónde vive el fénix?

Los griegos antiguos creían que el fénix construyó su nido junto al río Nilo, en Egipto.

¡En un nido! Está hecho de plantas y especias. ¡Un fénix quiere oler bien cuando arde! El nido podría estar en Egipto. Allí es donde los griegos pensaban que vivía el pájaro. Podría vivir en palmeras o cerca del río Nilo. Estará al sol. Pero también viaja a otros países.

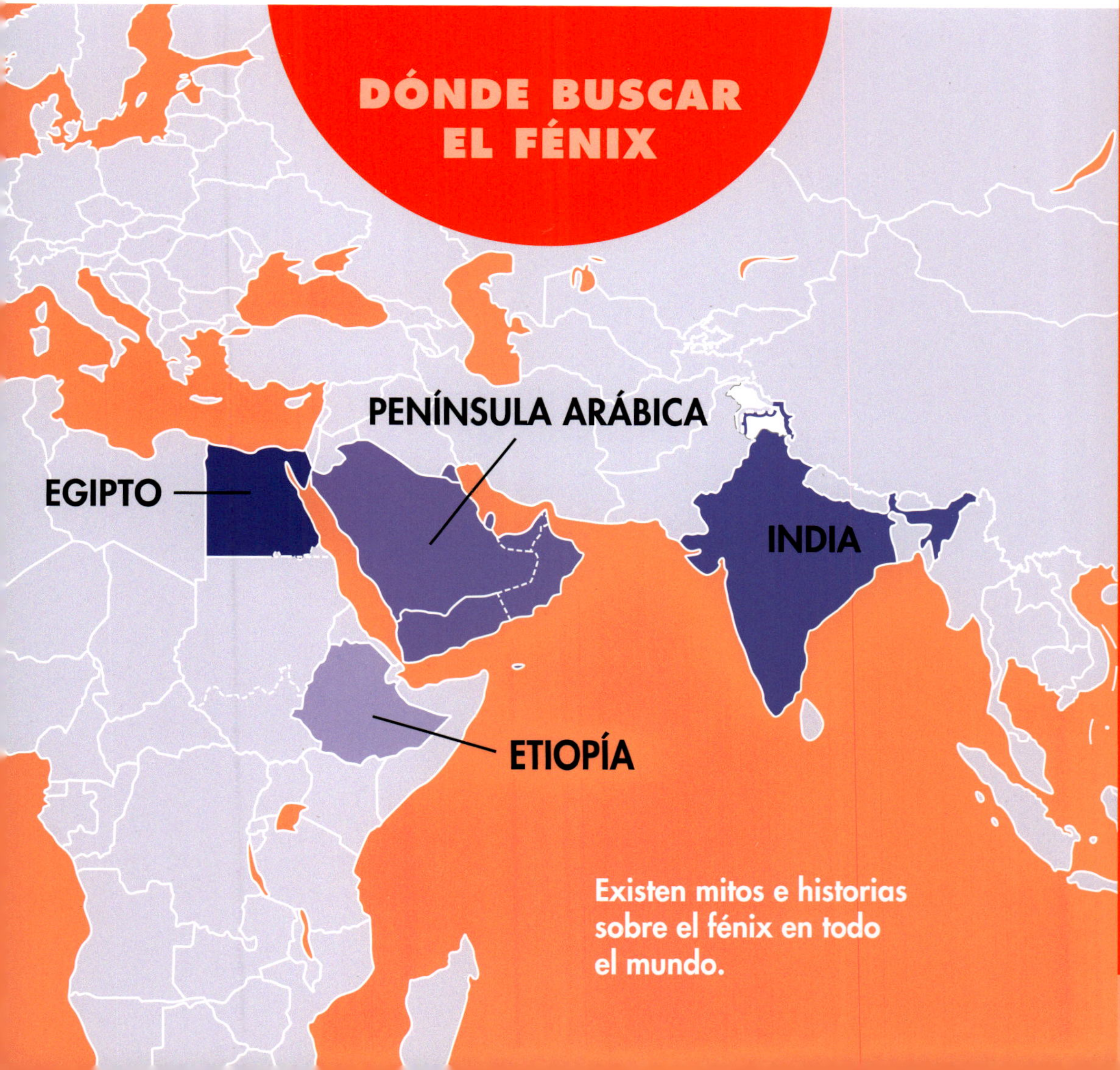

Existen mitos e historias sobre el fénix en todo el mundo.

¿Alguien ha visto un fénix?

No hay ninguna prueba de que alguien haya visto un fénix real.

Algunos dicen que sí. Un romano antiguo escribió sobre un fénix. Dijo que fue traído a Roma. Mucha gente lo vio entonces. Un historiador escribió que la gente en Egipto vio un fénix. Pero nadie está seguro de que dijeran la verdad. Podrían haber sido otros tipos de pájaros.

El pavo real es conocido por el colorido de sus plumas. Antiguamente se creía que era un fénix.

¿Puedo ver un fénix?

El Fénix es una pequeña constelación que se encuentra en el cielo austral.

Más o menos. A principios de noviembre, intenta mirar al cielo nocturno. En algunas zonas, es posible que encuentres un grupo de estrellas. Estas estrellas se llaman "Fénix". Tienen forma de pájaro. Une las estrellas como se unen los puntos.

HAZ MÁS PREGUNTAS

¿Qué historias se han contado sobre el fénix?

¿Qué puedo averiguar a partir de fotos antiguas del fénix?

Prueba con una GRAN PREGUNTA:
¿Por qué el fénix es un símbolo poderoso?

BUSCA LAS RESPUESTAS

Busca en el catálogo de la biblioteca o en el internet.
Pueden ayudarte tus padres, un bibliotecario o un maestro.

Usar palabras clave
Busca la lupa.

Las palabras clave son las palabras más importantes en tu pregunta.

Si quieres saber sobre:

- historias del fénix, escribe: MITOS DEL FÉNIX
- el fénix en imágenes, escribe: ARTE ANTIGUO DEL FÉNIX

GLOSARIO

cielo En algunas religiones, el lugar al que van las personas cuando mueren.

mirra Savia seca de ciertos árboles que tiene un fuerte olor.

mito Idea o historia en la que cree mucha gente pero que no es cierta.

prueba Hechos o evidencia que demuestran que algo es cierto.

símbolo Signo, forma, u objeto que representa otra cosa.

ÍNDICE

Acerca de la autora

Gina Kammer creció escribiendo e ilustrando sus propias historias. Ahora enseña a otros a escribir historias en inkybookwyrm.com. Le gusta leer literatura fantástica y medieval. También le gusta viajar, pintar al óleo, el tiro con arco y acurrucar a su conejito gruñón. Vive en Minnesota.